THE COURAGEOUS CAPTAIN AMERICA™

LOS ORÍGENES

Basada en la serie de los cómics Marvel **Captain America**
Adaptada por Rich Thomas
Ilustraciones del interior por Val Semeiks, Bob McLeod,
Hi-Fi Colour and Design, *y* The Storybook Art Group
Ilustraciones de la cubierta por Pat Olliffe *y* Brian Miller

ISBN: 978-84-15343-08-0

Publicado por The Walt Disney Company Iberia, S.L.
c/José Bardasano Baos, 9
28016 MADRID

Antes de que hubieras nacido

—de hecho, mucho antes incluso de que la persona
más anciana que conoces hubiera venido al mundo—
había una pequeña y pacífica isla situada frente
a la tierra firme de un lugar al que los distintos
pueblos que allí vivían daban diferentes nombres.

Con el paso del tiempo,

más y más personas
llegaron a **ella**.

Querían dejar atrás la vida que llevaban en un lugar
al que llamaban **Viejo Mundo**

y construir una nueva vida en un sitio
donde creían que **todo era posible**.

Procedían de todas las partes del mundo.

Para la mayoría, la isla
era la primera parada
de la ruta a una nueva vida
en esta joven nación.

La isla era conocida como Manhattan,
en **la ciudad de Nueva York**.

El país recibiría el nombre
de Estados Unidos de América

o *América,* para abreviar.

Antes de que América cumpliera 200 años,

fue llamada a luchar junto a otros países en una **terrible guerra** que estaba destruyendo el mundo.

Las noticias de la guerra conmovían a la gente.

Parecía que todos
los ciudadanos
deseaban alistarse
al ejército
para **ayudar**.

Incluido un joven llamado **Steve Rogers**.

A Steve le preocupaba la guerra desde hacía tiempo. Ahora que América se había implicado, estaba seguro de que podría **hacer algo**.

Muy pronto se sumó a una larga fila de hombres que esperaban para someterse a un examen físico. Aquellos que lo superaran serían enviados al frente.

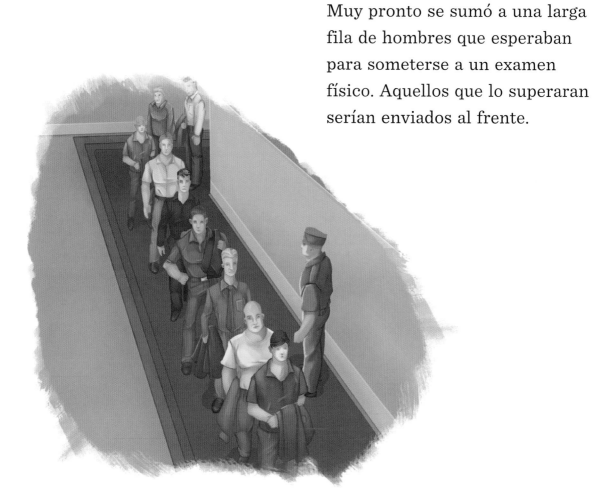

Steve esperó su turno.

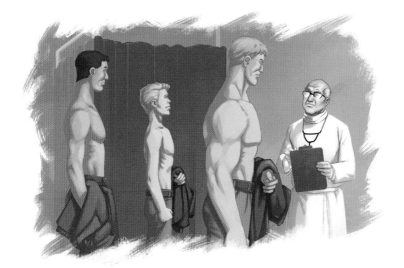

Hasta el momento
todos los hombres
lo habían pasado.

Él **confiaba** en que
también lo haría.

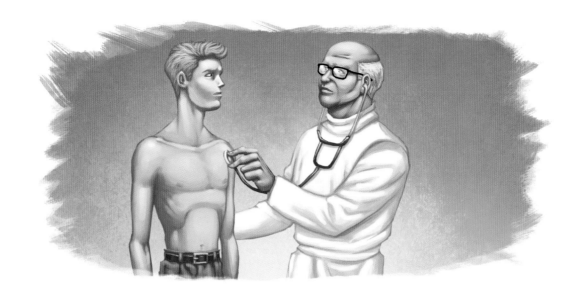

El médico le dijo que no reunía
las condiciones necesarias
para unirse al ejército.

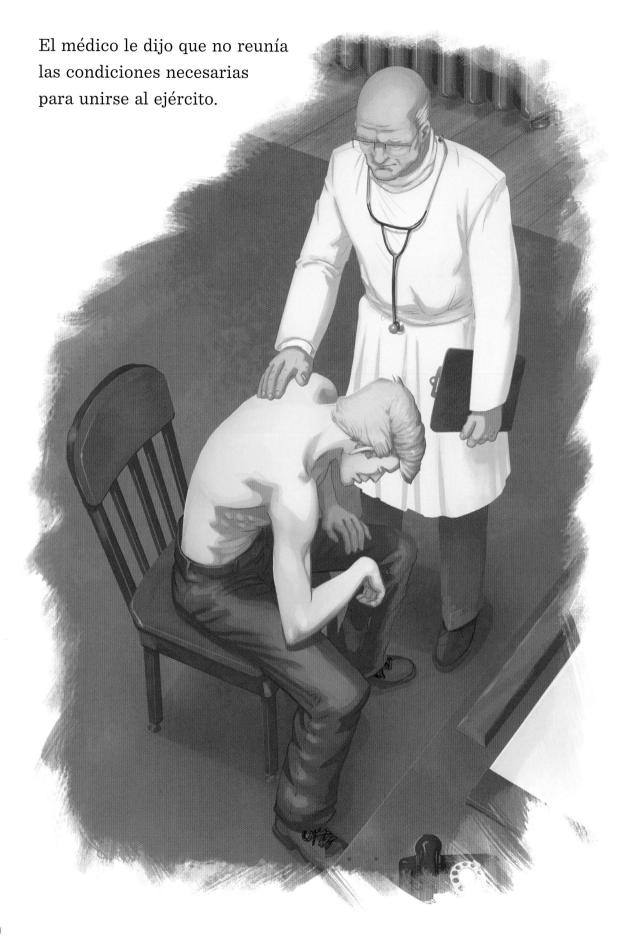

Pero también le dijo que había otra forma de alistarse.
Le entregó un archivo en el que se leía

CLASIFICADO – OPERACIÓN RENACIMIENTO

El médico le informó de que si el experimento funcionaba,
podría unirse al ejército.

Steve le respondió que haría cualquier cosa
para convertirse en soldado.

El médico avisó a un general llamado **Chester Phillips**.
Era la persona que estaba al mando de la operación.

El general guió a Steve por un **pasillo oculto** hasta una salida secreta.

Enseguida los dos hombres cruzaban el puente hacia el cercano barrio de Brooklyn.

Llegaron a una tienda
de antigüedades en
una zona de mala muerte
y de aspecto peligroso.

Una **anciana** les condujo
por unas angostas escaleras.

¡Pero el establecimiento no era exactamente un anticuario!
Era una tapadera para un **laboratorio subterráneo**.

Y la propietaria no era una ancianita,
¡sino un **agente secreto**!

El general Phillips le presentó a Steve al científico jefe del proyecto, el **Doctor Erskine**.

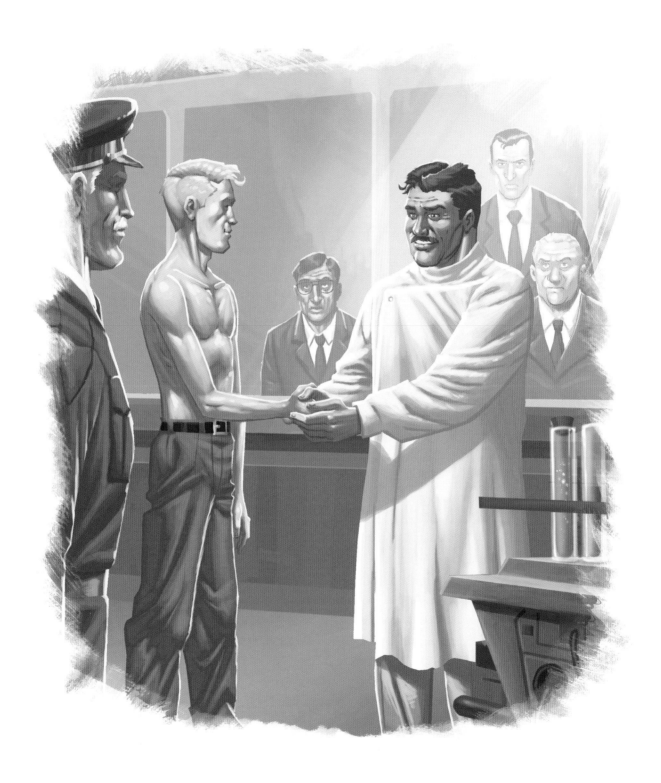

Este le dijo a Steve que el suero del **Supersoldado**...

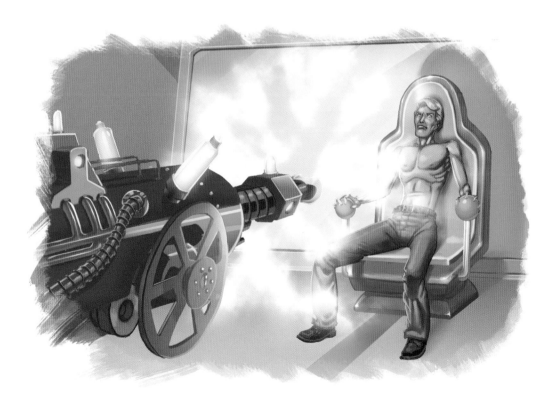

... combinado con unas poderosas **radiaciones genéticas**...

... le transformarían
de frágil y enfermizo...

... en el
¡PRIMER VENGADOR
de América!

¡El experimento fue todo un **ÉXITO**!

Pero antes de que Steve, el general Phillips o cualquiera de los presentes se dieran cuenta, un **espía enemigo** que había estado trabajando en el laboratorio les atacó.

No quería que los americanos tuvieran tanto poder.

El doctor fue eliminado y la fórmula del suero se perdió.

Pero Steve, en su nuevo cuerpo de Supersoldado, salió ileso.

¡Y ESTABA MUY FURIOSO!

El ejército llevó a Steve a un campo
de entrenamiento especial para enseñarle
a utilizar su nuevo cuerpo.

El general Phillips le presentó con un **escudo especial** fabricado con el metal más resistente jamás conocido y un **traje único** para ayudarle a ocultar su identidad.

Con el traje y el escudo, Steve
sería conocido como el soldado
más poderoso de América...

¡CAPTAIN AMERICA!

Las misiones de Captain America
con frecuencia eran **peligrosas**.

Con el fin de mantener
su secreto a salvo, el general
le pidió a Steve que fingiera
ser un **torpe** soldado raso.

Pero cuando nadie le observaba,
Steve se ponía el traje y luchaba
por defender la **justicia**.

La reputación de Steve como soldado patoso significaba que le trasladaban de destino con frecuencia.

Pero su movilidad permitía a **Captain America** luchar en los diferentes frentes de la Guerra Mundial.

Nadie sospechaba
que el peor recluta
del ejército de los
Estados Unidos

era también el **mejor soldado** que nunca había tenido.

Captain America continuaba luchando por la **libertad**, hasta que finalmente...

GANARON LA GUERRA.

Aunque el país no siempre estuviera
a la altura de sus promesas, mientras
él pudiera, juró protegerlo junto
a sus ideales: **justicia, igualdad,
libertad...**

THE
ORIGINAL
NEW
YORKERS

... con la esperanza de que la nación que él amaba
pudiera conseguirlo algún día.

Awesome!

Nice work!

PURRFECT!

Top Cat!

NICE!

GROOVVVY!

A+

SMARTY!

YAY!

Super Star!

YOU DID IT!

you're #1

HOORAY!